그림으로 보는
신라 역사 3

글 | 최수복

대학에서 불어불문학을 공부하였으며 오랫동안 출판사에서 일하며 어린이책을 만들었습니다.
〈하늘나라 채소밭〉으로 창작 동화 공모에서 수상했고, 서울여성백일장에서 산문 〈소포〉가
당선되었습니다. 지은 책으로는 《우주에서 온 아이》《도시로 떠난 알베르트》 등이 있습니다.

그림 | 이영훈

중앙대학교에서 서양화를 공부했고, 출판과 광고 및 패키지 디자인 등 다양한 일러스트 작업을
하고 있습니다. 그린 책으로는 《안나 파블로바》《테레사》《제인 구달》《코코 샤넬》《슈바이처》
《설악산의 꽃》《다람쥐》〈타임캡슐 우리 역사〉 등이 있습니다.

감수 | 윤선태

서울대학교 국사학과를 졸업하고, 같은 학교 대학원에서 한국 고대사를 전공하여 박사 학위를 받았습니다.
충남대학교, 한신대학교를 거쳐 지금은 동국대학교 사범대학 역사교육과 교수로 있습니다.
지은 책으로는 《목간이 들려주는 백제 이야기》《한국 고대 중세고문서 연구》(공저) 등이 있습니다.

그림으로 보는
신라 역사 3

글 최수복 | 그림 이영훈

여원**미디어**

차 례

삼국을 통일하다

먼저 백제를 무너뜨리다 10

고구려도 무너뜨리다 12

당나라를 몰아내고 삼국 통일을 이루다 14

죽어서도 나라를 지키리라! 16

불교로 백성의 마음을 어루만지다 18

통일 신라의 황금 시대

왕의 힘을 더욱 키우다 20

넓은 땅과 늘어난 백성들을 다스리다 22

다른 나라와 활발하게 교류하다 24

왕위 다툼으로 기울어 가는 신라

귀족들이 왕이 되려고 다투다 26

김헌창이 반란을 일으키다 28

바닷길을 지킨 장보고 30

농민 반란이 거세게 일어나다 32

지방 호족이 힘을 얻다 34

천 년의 역사가 끝나다 36

■ 신라 역사 연표 38

삼국을 통일하다

백제 사비성을 둘러싼 신라와 당나라 연합군
660년 7월 12일 5만 명의 신라군과 13만 명의 당나라군이 사비성을 빈틈없이 에워싸고, 총공격을 퍼부었어요. 신라와 당나라 연합군의 북과 함성 소리에 밀리기 시작한 백제군은 다음 날인 13일 항복하였고, 의자왕은 웅진성으로 도망쳤어요.

먼저 백제를 무너뜨리다

신라는 당나라에 사신을 보내 군사를 요청했습니다. 660년 소정방이 당나라의 13만 대군을 이끌고 백제를 치러 왔습니다. 신라에서는 김유신이 5만 명의 군사를 이끌고 황산벌로 향했지요. 황산벌에는 백제 장군 계백이 이미 중요한 곳을 차지하고 신라군을 기다리고 있었습니다. 신라군은 백제군을 네 번이나 공격했지만 모두 지고 말았어요. 하지만 신라의 반굴, 관창과 같은 화랑들이 목숨을 바쳐 싸웠고, 결국 계백의 군대를 전멸시켰습니다.

이어 신라군은 기벌포에서 당나라군과 만나 곧장 백제의 도읍인 사비성(충청남도 부여)을 에워쌌습니다. 웅진성(충청남도 공주)으로 도망갔던 백제 의자왕은 사비성으로 돌아와 결국 항복하고 말았습니다.

신라를 승리로 이끈 화랑 반굴과 관창

반굴은 신라 장수 김흠순의 아들입니다. 반굴은 홀로 말을 몰아 백제 진영으로 돌격해 죽음을 맞이했어요. 관창은 신라의 좌장군 김품일의 아들로 두 차례나 적진으로 뛰어들어 용감하게 싸웠어요. 결국 관창이 죽어서 말에 실려 오자, 이를 본 신라 군사들이 죽기를 각오하고 싸워 백제를 물리쳤어요.

고구려도 무너뜨리다

태종 무열왕에 이어 문무왕이 왕위에 올랐습니다. 당나라는 백제를 정벌한 기세를 몰아 35만 명의 군사를 이끌고 고구려를 공격했으나 결국엔 지고 돌아갔습니다. 666년 문무왕은 당나라에 군사를 청해 다시 고구려를 공격했습니다. 오랜 싸움 끝에 668년 나·당 연합군은 평양성을 포위했고, 고구려 보장왕은 항복했습니다. 당나라는 보장왕과 20여만 명의 고구려 사람들을 당나라로 끌고 갔습니다. 그리고 신라에게 주겠다던 백제 땅에 군대를 남겨 두더니, 이어 평양성에도 당나라 관청을 두어 고구려까지 차지하려는 욕심을 드러냈습니다.

700년 역사의 막을 내린 고구려의 최후
당나라 장수 이세적은 전쟁에 승리한 기념으로 고구려의 보장왕과 왕자 복남·덕남 및 신하와 포로 20만 명을 끌고 당나라로 갔어요. 고구려가 다시 일어나지 못하도록 중요한 인물들을 데려간 것이에요.

당나라를 몰아내고 삼국 통일을 이루다

당나라는 아예 신라 땅까지 집어삼키려고 했습니다. 신라는 이미 백제를 공격할 때부터 당나라의 속셈을 알아차렸습니다. 그래서 고구려가 멸망한 뒤 곳곳에서 일어난 고구려 부흥군을 도우면서, 한편으로는 당나라를 공격해 옛 백제 땅을 빼앗았습니다.

신라군과 당나라군은 여러 차례 맞붙어 이기고 지기를 반복했습니다. 675년 신라군은 매소성에 주둔해 있던 20만 명의 당나라 군사를 공격해 크게 이겼습니다. 또 다음 해에는 기벌포에서 당나라 수군을 크게 무찔렀지요.

마침내 당나라군은 대동강 북쪽으로 물러갔습니다. 이로써 670년에 시작된 신라와 당나라 전쟁은 7년 만에 막을 내리고, 마침내 신라는 삼국 통일을 이루었습니다.

삼국을 통일한 신라의 땅

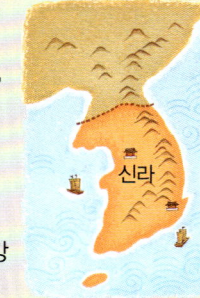

신라와 당나라가 동맹을 맺을 때, 고구려와 백제를 멸망시키고 대동강 남쪽 땅은 신라가 다스린다는 약속을 했어요. 당나라는 약속을 어기려 했지만, 신라는 당나라를 몰아내고 대동강 남쪽의 땅을 차지했어요.

삼국 통일의 기쁨을 누리는 신라
태자가 머무르는 동궁에 파 놓은 연못 월지에서 삼국 통일에 공을 세운 귀족 관료들이 연회를 벌였어요. 이제 기나긴 전쟁이 끝나고 평화로운 시대가 온 것이지요.

죽어서도 나라를 지키리라!

"무기를 모두 녹여 농기구를 만들게 하라!"
문무왕은 이제 전쟁보다는 백성들이 농사에 힘을 쓸 수 있도록 보살피는 데 전념했어요. 또 감옥에 갇힌 죄수들을 풀어 주고, 세금을 덜어 주었습니다. 오랜 전쟁에 시달렸던 백성들을 위로하고, 옛 백제와 고구려 유민들을 끌어안으려 노력했습니다.
이렇게 삼국 통일 뒤 나라를 안정시키는 데 힘을 쏟았던 문무왕은 자신이 죽으면 화장하여 동쪽 바다에 묻어 달라는 유언을 남기고 세상을 떠났습니다. 죽어서도 용이 되어 나라와 백성들을 지키고 싶었던 것입니다.

전쟁 걱정 없이 농사짓는 백성들
신라에는 오랜만에 평화가 찾아왔어요. 전쟁으로 못 쓰게 된 땅을 다시 일구며 편안한 생활을 하게 되었어요. 문무왕은 유언에서 "백성들의 창고에 곡식이 산더미같이 쌓이고, 감옥은 풀만 우거졌다."고 했어요.

대왕바위

문무왕이 죽자 왕의 유언에 따라 불교식으로 화장하고, 유골을 경상북도 경주 감포 앞바다에 있는 커다란 바위에 묻어 장사 지냈어요. 이 바위를 '대왕바위'라고 부릅니다.

불교로 백성의 마음을 어루만지다

삼국 통일을 이루는 과정에서 일어난 수많은 전쟁은 백성들을 불안하게 만들었습니다. 불교는 이런 백성들에게 위안을 주었지요. 원효와 의상 덕분입니다.
원효는 거리를 돌아다니면서 노래하고 춤추며 불교의 가르침을 이해하기 쉽게 전달하여 많은 사람들에게 불교를 알렸습니다. 또 의상은 부처님 앞에서는 누구나 평등하다고 가르쳐 삼국의 백성들이 하나가 될 수 있도록 이끌었지요. 이때 온 나라에 수많은 절이 세워졌는데, 특히 왕경에는 큰 절이 수십 개나 들어섰을 정도였습니다. 이 시기에 '부처님의 나라'를 표현한 불국사도 지어졌습니다.

아미타 세계

안양문

연화교·칠보교

원효와 의상

원효는 6두품 출신이에요. 《금강삼매경》은 부처님의 가르침을 담은 중요한 책인데, 너무 어려워 아무도 그 뜻을 알지 못했어요. 그런데 원효는 누구나 쉽게 알아들을 수 있도록 설명했어요.
의상은 원효와 달리 진골 귀족이에요. 당나라에서 10년 동안 불교를 공부하고 돌아왔어요. 왕실의 도움을 받아 부석사를 짓고 화엄종을 널리 알렸어요.

원효

의상

통일 신라의 황금 시대

왕의 힘을 더욱 키우다

전쟁이 끝난 뒤에 문무왕은 왕의 권위를 강하게 세워 나라를 안정시키고자 했으나, 진골 귀족들이 심하게 반발했습니다. 문무왕에 이어 신문왕이 왕위에 오르자 결국 김흠돌을 중심으로 귀족들이 반란을 일으켰습니다.

신문왕은 반란에 직접 가담한 귀족들뿐만 아니라 반란을 미리 알고도 알리지 않은 사람들까지 샅샅이 찾아내어 처형했습니다. 그리고 귀족들에게 절대적인 충성을 요구하는 교서를 내렸지요.

그동안 귀족들은 땅뿐만 아니라 그 땅에 사는 사람들에 대한 권리까지 가질 수 있었는데, 이젠 땅에서 나오는 생산물만 가질 수 있게 되었어요. 이렇게 귀족들의 힘을 누른 신문왕은 왕과 나라에 충성하는 인재를 기르기 위해 국학을 만들었습니다.

국학에서 공부하는 학자들
국학은 오늘날 나라에서 세운 대학인 국립 대학과도 같은 교육 기관이에요. 주로 《논어》, 《효경》, 《예기》 같은 유교 경전을 가르쳤어요.

넓은 땅과 늘어난 백성들을 다스리다

신문왕은 넓은 땅과 늘어난 백성들을 효과적으로 다스리기 위해 제도를 손보았습니다. 우선 왕경이 한반도의 한쪽에 치우쳐 있어 넓은 땅을 다스리기 불편했어요. 그래서 왕경을 달구벌(대구)로 옮기려 했으나, 귀족들의 반대에 부딪혀 뜻을 이루지 못했어요. 대신 전국에 다섯 군데의 작은 서울, 즉 소경을 두었습니다. 그리고 옛 신라와 가야, 백제, 고구려 땅에 각각 3주를 두어 전국을 9주로 나누고 세 나라가 하나 되었음을 강조했습니다.

군사 조직도 중앙군 9서당과 지방군 10정으로 새롭게 꾸렸습니다. 왕에게 직접 명령을 받는 9서당은 신라 사람뿐 아니라 고구려, 백제, 말갈인까지 포함되었지요. 예전에는 귀족들의 지휘를 받던 중요한 군대가 이제는 왕의 명령을 받게 되었습니다. 그만큼 왕권이 훨씬 강해진 것입니다.

> **시대마다 다른 왕경 이름**
> 왕경은 왕이 사는 도읍을 부르는 말인데, 신라는 왕경을 서라벌이라 했고, 한자로는 금성(金城)이라고 썼어요. 금성은 우리말로 '쇠벌'인데 사로국 때부터 쓰던 말이에요. 요즘 사용하는 경주는 경순왕이 고려에 항복하면서 얻은 이름으로, '경사스러운 고을'이라는 뜻이에요.

9서당 왕경에 주둔한 중앙군으로 신라인, 백제인, 고구려인, 말갈인 부대들을 말해요.

아홉 개의 주와 다섯 개의 작은 서울
정복한 나라의 귀족이나 금성의 귀족들을 소경에 옮겨 살게 했어요. 오늘날 원주(북원경), 청주(서원경), 남원(남원경), 충주(중원경), 김해(금관경)가 지방의 중심지 역할을 했지요. 또한 전국을 9주로 나누고 주 밑에는 군, 군 밑에는 현, 현 아래에는 촌을 두었어요.

다른 나라와 활발하게 교류하다

문무왕과 신문왕이 나라의 기틀을 잘 다져 놓자 뒤를 이은 33대 성덕왕은 찬란한 문화를 꽃피웠습니다. 문무왕이 당나라를 몰아낸 뒤, 두 나라는 왕래가 없을 만큼 사이가 좋지 않다가 성덕왕 때 다시 교류를 시작하여 당나라에 들어와 있던 세계의 다양한 문화를 적극적으로 받아들였습니다.
또 신라의 많은 젊은이들이 당나라로 유학을 떠나기도 했습니다.
신라 사람들은 당나라를 넘어 인도와 아라비아, 페르시아 사람들과도 물건을 사고팔았습니다. 외국 물건들이 들어오고 외국 상인들이 찾아오면서 서라벌은 상업 도시의 모양을 갖추어 갔고, 신라는 태평성대를 누렸습니다.

북적거리는 서라벌의 시장
서라벌에는 모두 세 군데의 시장이 있었어요. 소지 마립간 때 동시가 처음 생기고 삼국 통일 뒤에 서시와 남시가 더 생겼어요. 옷감 파는 가게, 연장 파는 가게, 고깃전, 기름 가게뿐만 아니라 귀족들의 사치품을 파는 가게도 여럿 있었어요. 당나라와 더 머나먼 나라에서 들어온 물건들도 볼 수 있었고, 시장을 감독하는 관청도 있었어요.

왕위 다툼으로 기울어 가는 신라

귀족들이 왕이 되려고 다투다

세월이 흘러 35대 경덕왕 때부터 왕권이 점점 약해지기 시작하더니, 경덕왕이 죽고 여덟 살인 혜공왕이 왕위에 오르자 귀족들은 어린 왕을 얕잡아 보았습니다. 진골 귀족 김지정이 반란을 일으켜 석 달 동안 궁궐을 포위하자, 상대등 김양상과 김경신이 군사를 일으켜 이들을 공격했지요. 이 과정에서 혜공왕과 왕비가 죽었고, 김양상이 왕위에 올랐습니다.

그가 바로 선덕왕입니다. 그 뒤 진골 귀족들 사이에 왕위 다툼이 끊이지 않았습니다. 선덕왕이 아들 없이 세상을 떠나자 신하들이 김주원을 왕으로 세우려 했습니다. 그러나 김주원을 반대하는 사람들이 김경신을 38대 원성왕으로 세웠습니다.

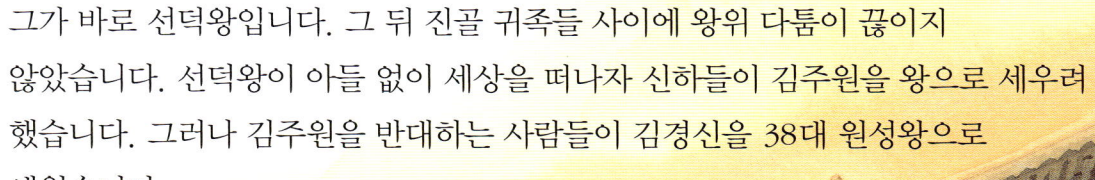

귀족들이 사는 호화로운 집
통일 뒤 강력한 왕권에 움츠러들었던 귀족들의 힘이 다시 세져 경덕왕 때는 녹읍제(땅뿐만 아니라 그 땅에 사는 사람들에 대한 권리까지 가지는 제도)를 되살렸어요. 귀족들은 대대로 물려받은 토지, 나라에 공을 세우거나 왕에게 받은 토지, 관리로 일하면서 받은 녹읍 등으로 부를 쌓아 금으로 장식한 집과 별장까지 가졌어요.

김헌창이 반란을 일으키다

원성왕 때 실력에 따라 관리를 뽑는 독서삼품과를 실시했습니다. 하지만 진골 귀족들의 반발로 큰 성과를 거두진 못했습니다.
헌덕왕 때인 822년에는 웅천주(충청남도 공주)에서 큰 반란이 일어났습니다. 원성왕에게 밀려 왕이 되지 못한 김주원의 아들 김헌창이 일으킨 반란이었습니다. 한 달여 만에 진압되긴 했지만 김헌창의 난은 지방에 사는 사람들에게 많은 영향을 주었습니다. 그들은 벼슬길이 막혀 있었기 때문에 불만이 많았습니다. 기나긴 세월 동안 불만을 참아 오던 지방 사람들은 왕실의 힘이 약해진 틈을 타 조금씩 세력을 키우기 시작했습니다.

김헌창의 난
김헌창은 한때 9주 5소경 가운데 4주 3소경을 점령하고 '장안국'이라는 나라를 세웠어요.

실력에 따라 인재를 뽑는 독서삼품과

국학에서 공부한 결과를 상품, 중품, 하품 3등급으로 평가하여 등급이 높은 사람에게는 높은 관직을 주고, 낮은 사람에게는 낮은 관직을 주어 실력 있는 사람을 가려 뽑고자 한 제도예요.

바닷길을 지킨 장보고

나라가 어지러워지자 바다에서는 해적이 들끓었습니다. 해적에게 잡혀 당나라에 노비로 팔려 가는 신라 사람들이 많았지요.
당나라 군대에서 활약하던 장보고는 이런 모습을 보고 큰 충격을 받았습니다. 장보고는 신라로 돌아와 흥덕왕을 만났습니다.
"제게 청해를 지키는 일을 맡기시면, 우리나라 사람들을 잡아가지 못하도록 하겠습니다!"
장보고는 군사 1만 명으로 청해진을 지키며 해적과 싸웠습니다. 바다를 손에 넣은 장보고는 청해진이 당나라와 일본을 잇는 길목에 있다는 장점을 살려 국제 무역을 이끌었습니다. 장보고는 막강한 군사력과 재산을 모으게 되었고, 왕실에 영향력을 끼칠 정도로 크게 성장했습니다. 하지만 결국 권력 다툼에 휘말려 목숨을 잃고 말았습니다.

부두
수십 척의 배가 동시에 들어올 수 있도록 대규모 부두를 건설했어요.

청해진 대사 장보고
장보고는 청해진을 건설한 뒤 '청해진 대사'라는 직함을 얻었는데 '대사'는 신라 역사상 장보고에게만 주어진 직위예요. 그만큼 신라 왕실은 장보고에게 아주 특별한 대접을 한 것이지요.

장군섬
완도 바로 옆에 있는 작은 섬으로, 삼면이 확 트였어요. 바닷물이 깊어 배를 대기 쉬웠어요. 또 남해안 일대와 해남·강진을 지나 당나라로 드나드는 바닷길을 감시하기에 좋은 곳이었지요.

청해진 성
800m에 달하는 높은 곳에 돌과 흙으로 성곽을 쌓았지요. 해안에서 4~5m 떨어진 안쪽에 성벽을 둘렀어요.

국제 무역항 청해진
청해진은 신라와 당나라 그리고 신라와 일본을 연결하는 바다 교통로의 중심에 자리 잡고 있었어요. 그래서 당나라와 일본 사이에서 큰 규모로 무역을 하는 국제 무역항이 될 수 있었어요. 한편으로 군대를 머무르게 해서 늘 해적의 침입에 대비했지요.

농민 반란이 거세게 일어나다

귀족들이 왕의 자리를 두고 다투는 동안 백성들은 날이 갈수록 가난해졌습니다. 게다가 가뭄으로 몇 년째 흉년이 들어 민심은 더욱 나빠졌지요. 백성들은 떠돌아다니며 도적 떼가 되기도 했습니다. 세금이 걷히지 않자 나라의 창고는 텅텅 비었습니다.

51대 진성 여왕은 지방에 세금을 독촉했습니다. 이에 화가 난 농민들이 벌 떼처럼 일어났습니다. 889년 원종과 애노를 시작으로 전국 곳곳에서 시작된 농민들의 반란은 걷잡을 수 없이 퍼져 나갔고, 신라 왕실은 어찌할 줄 몰랐습니다. 896년에는 붉은 바지를 입은 도적들이 금성 서부 모량리까지 쳐들어올 정도였습니다.

붉은 바지 부대
신라 왕실의 힘이 약해지면서 귀족들에게 세금을 걷지 못하자, 농민들이 그 세금을 다 떠안아야 했어요. 흉년이 들어 가난한 농민들이 농사를 지어 먹고살기가 더욱 힘들어지자, 땅을 버리고 스스로 도적이 되기도 했어요. 이들 가운데 붉은 바지를 입은 농민 부대는 신라 왕실이 겁먹을 정도였지요.

후고구려 (궁예)

후백제 (견훤)

새 세상을 꿈꾸는 사람들
골품 제도에 부딪혀 높은 관직에 오를 수 없는 6두품 지식인들은 신라 왕실에 불만이 많았어요. 높은 관직은 모두 귀족들이 차지하고 힘없는 낮은 자리만 맡을 수밖에 없었으니까요. 견훤과 궁예는 6두품 출신 지식인들 및 선종 승려들과 함께 새로운 세상을 꿈꾸었어요.

지방 호족이 힘을 얻다

농민 반란으로부터 자신들을 지키기 위해 군사를 모은 지방 호족들은 농민들과 골품 제도에 불만을 품은 6두품 지식인들, 귀족 불교에 대항하는 선종 승려들까지 끌어안고 힘을 키웠습니다.

호족들은 스스로를 성주 혹은 장군이라 부르며 백성들에게 세금을 걷고 군대를 조직했어요. 이들 가운데 막강한 세력을 키운 견훤은 신라에게 원한을 갚는다는 이유를 내세워 완산주에 후백제를 세웠습니다.

곧이어 궁예도 스스로 왕위에 올라 고구려를 계승한 나라, 후고구려를 세웠습니다. 견훤과 궁예는 서로 힘을 겨루며 땅을 넓혀 나갔습니다. 그러는 사이 신라는 점점 밀려나서 겨우 금성 일대만 남을 정도로 쪼그라들었습니다.

신라
(경애왕)

당나라에서 이름을 날린 최치원

열두 살의 어린 나이에 당나라로 유학하여 열여덟 살에 당나라 과거 시험인 빈공과에 합격했어요. 〈토황소격문〉이라는 글을 지어, 반란을 일으킨 황소를 꼼짝 못하게 했다는 이야기가 있을 정도로 당나라에서 널리 이름을 떨쳤어요. 신라로 돌아왔지만 6두품 신분이라 높은 관직에 오르지 못했어요. 결국 자신의 뜻을 펼치지 못하고 세상을 떠돌다가 죽었어요.

천 년의 역사가 끝나다

후백제의 견훤은 신라로 쳐들어가 경애왕이 스스로 목숨을 끊게 하고 경순왕을
왕위에 앉혔습니다. 후고구려의 궁예를 밀어내고 고려를 세운 왕건은
신라와 가까이 지내려고 애썼습니다.
신라는 후백제와 후고구려가 세력을 다투는 틈에서 겨우 나라를 유지하다가,
935년에 경순왕이 신하들과 백성들을 이끌고 고려 왕건에게 나라를 바쳤습니다.
천 년을 이어 오던 신라는 마침내 그 빛을 잃고 역사 속으로 사라졌습니다.

고려로 향하는 신라의 마지막 왕, 경순왕
경순왕이 고려의 도읍인 개경으로 나라를 바치러 갈 때
향기 나는 수레와 구슬로 꾸민 말들이 30여 리나 뻗쳐 길을 메웠어요.
이 화려한 행렬을 구경하러 나온 신라 백성들의 마음은 쓰리고 답답했어요.
그 뒤로 신라 땅은 고려의 지방 행정 구역으로 바뀌었지요.

신라 역사 연표

연꽃무늬 수막새
통일 뒤 만들어진 화려한 연꽃무늬 기와이다.

660년
백제를 멸망시킴.

668년
고구려를 멸망시킴.

675년
매소성에서 20만 당군 격파.

676년
삼국 통일.

682년
국학을 세움.

685년
9주 5소경 설치.

751년
불국사와 석굴암을 짓기 시작.

788년
독서삼품과 설치.

김유신 영정
김유신은 삼국을 통일하는 데 큰 공을 세운 신라의 명장이다.

석굴암 본존불
석굴암에 모셔져 있는 석가모니 부처님이다. 석굴암은 통일 신라 시대의 대표적인 절로, 당시에는 석불사라 불렸다.

600년

700년

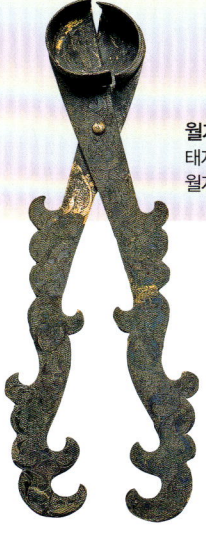

월지에서 발견된 금동 가위
태자가 거처하는 궁궐에 만든 못인 월지에서는 많은 유물들이 발견되었다.

900년
견훤, 후백제 건국.

812년
김헌창의 난.

901년
궁예, 후고구려 건국.

918년
왕건, 고려 건국.

828년
장보고, 청해진 설치.

935년
신라 멸망.

성덕 대왕 신종
우리나라에 남아 있는 종 가운데 가장 큰 것으로, 혜공왕 때 완성되었다.

800년

900년

통일 신라 시대의 장식용 빗
통일 뒤 풍요롭고 화려한 귀족들의 생활을 반영하듯 화려하게 장식된 머리빗이다.

■■ 사진 출처 및 제공처

표지·연표 성덕 대왕 신종 비천상_(주)사계절출판사 | 김유신 영정, 석굴암 본존불, 성덕 대왕 신종_시몽포토 |
연꽃무늬 수막새_국립경주박물관(경박 200801-007)·《박물관 들여다보기》, 국립경주박물관, 2006 |
금동 가위_국립경주박물관(경박 200801-007)·《통일 신라》, 국립중앙박물관, 2003 |
통일 신라 시대의 장식용 빗_삼성미술관

※ 이 책에 사용한 모든 자료의 출처를 밝히기 위해 최선을 다했습니다. 빠지거나 잘못된 점을 알려 주시면 바로잡겠습니다.

■■ 일러두기

· 〈삼국사기〉 본기의 내용을 따랐습니다. 그래서 같은 내용이 〈삼국유사〉와 다를 수 있습니다.
· 맞춤법, 띄어쓰기는 국립국어연구원에서 펴낸 〈표준국어대사전〉을 기준으로 삼았습니다.
· 외국 인명, 지명은 국립국어연구원에서 펴낸 〈외래어 표기 용례집〉을 따랐습니다. 단, 중국 지명은 현지음에 따랐습니다.
· 역사 용어는 교육인적자원부에서 펴낸 〈교과서 편수자료〉에 따르되, 어려운 용어는 쉽게 풀어 썼습니다.
· 옛 지명은 ( ) 안에 현재 지명을 함께 적었습니다.
· 연도나 월은 1895년 태양력 사용을 기점으로 이전은 음력으로, 이후는 양력으로 표기했습니다.

탄탄 뿌리깊은 삼국사기 그림으로 보는 신라 역사 3

펴낸이 김동휘 | **펴낸곳** 여원미디어(주) | **주소** 경기도 파주시 회동길 130(문발동) 탄탄스토리하우스
출판등록 제406-2009-0000032호 | **고객상담실** 080-523-4077 | **홈페이지** www.tantani.com
글 최수복 | **그림** 이영훈 | **감수** 윤선태 | **기획** 아우라, 이상임 | **총괄책임** 김수현 | **편집장** 이정희 | **기획 편집** 최순영, 김희선
디자인기획 여는 | **아트디렉터** 김혜경, 이경수 | **디자인** 이희숙, 정혜란, 김윤신 | **사진진행** 시몽 포토에이전시
제작책임 정원성

판매처 한국가드너(주) | **마케팅** 김미영, 오영남, 전은정, 김명희, 이정희

ⓒ여원미디어 2008 ISBN 978-89-6168-180-3 ISBN 978-89-6168-209-1(세트)

※이 책은 저작권법에 따라 보호받는 저작물이므로, 무단으로 이 책 내용의 전부 또는 일부를 복사, 복제, 배포하거나 전산장치에 저장할 수 없습니다.
⚠ 주의 1. 책 모서리가 날카로워 다칠 수 있으니 사람을 향해 던지거나 떨어뜨리지 마십시오. 2. 보관 시 직사광선이나 습기 찬 곳은 피해 주십시오.